OPINION

SUR

LA DETTE DES PUISSANCES DU CONTINENT,

Les dangers et les ressources pour leur liquidation qui rendra stable la paix générale de l'Europe.

Par M.ʳ PAPION,

Membre de la Noblesse de Touraine.

TOURS,

LETOURMY, IMPRIMEUR DU ROI.

Se trouve à Paris, chez PELLISSIER, Libraire, Cour du Palais-Royal, n.º 10, ainsi que tous les Ouvrages du même Auteur, sur *l'Agriculture*, le Commerce et les Finances.

1818.

OPINION
SUR LA DETTE
DES PUISSANCES DE L'EUROPE.

CHAPITRE I.er
Intérêt général des Puissances du Continent
de régler leur dette.

LE système sage et politique adopté par toutes les puissances, d'assurer par un traité solemnel la paix générale de l'Europe, met un terme à ces guerres désastreuses qui, pendant 25 ans, ont fait verser tant de sang, ont ruiné leurs peuples et ont mis la confusion dans leurs finances.

La paix générale de l'Europe est indispensable pour réparer les pertes et les malheurs des peuples, dont l'industrie alimente les finances des souverains en raison de son activité et de ses succès.

Pour assurer la paix de leur intérieur, les puissances ont contracté, par l'acte de la Sainte-Alliance, l'engagement de protéger la religion de leurs peuples, afin de les ramener à leurs mœurs, dépravées par les troubles de la révolution, et réprimer les excès auxquels ils s'étaient accoutumés pendant la guerre.

Un crime capital, auquel la suspension de la religion et les désordres de la révolution n'ont donné que trop d'audace, est l'usure qui, sous le nom *d'agiotage*, exerce en ce moment ses ravages sur toutes les fortunes, sur l'industrie des peuples, et dépouille même les finances des puissances du continent, dont le rétablissement est si nécessaire pour leur union ; car l'équilibre financier des puissances est aussi essentiel, pour la paix générale de l'Europe, que la balance politique du commerce.

Tels sont les motifs qui doivent attacher les puissances à la destruction de ce fléau (*l'agiotage et l'usure*), qui a exercé son empire avec tant d'audace en France, qu'il y a détruit plus de fortunes que les expropriations révolutionnaires, et qui menace en ce moment les finances des souverains du continent.

Dans un mémoire sur le crédit public, que j'ai publié en 1806 et 1808, je présentais les tableaux des opérations de l'usure et de l'agiotage, bien faits pour faire impression sur leur connexité ; je donnais le produit d'une somme de 100,000 fr., placée aux intérêts de la place pendant dix ans, avec cumulation des intérêts, savoir, du 1.er juillet 1796 au 1.er juillet 1806 ; le résultat portait l'actif de l'usurier au 1.er juillet 1806 à 820,781 fr., ce qui lui formait

un bénéfice de 720,781 fr. Le produit de l'a-
giotage, qui était de placer son argent sur les
fonds publics, pendant ces mêmes dix années,
produisit à cette même époque à l'agiotage,
au 1.er juillet 1806, un capital de 2,054,407 fr.,
ce qui présentait un bénéfice de 1,954,407 fr.,
qui doit paraître extraordinaire; mais on peut
vérifier les calculs de l'usure et ceux de l'agiotage sur les papiers publics, puisque le cours des
effets est consigné sur les journaux de ce temps.
Ces deux tableaux prouvent la connexité de
l'agiotage avec l'usure, puisque l'agioteur ci-
dessus, qui a pris de l'usurier de l'argent pour
son agiotage, a obtenu malgré le prix excessif
de l'intérêt un bénéfice de 1,200,000 fr.

L'usure est un crime contre nature pour tout
le monde, l'agiotage est plus dangereux encore
pour les gouvernemens, parce qu'il tient le
numéraire stagnant entre les mains des agioteurs et du public pour les mêmes opérations;
car le capitaliste qui traite avec un gouvernement, a enlevé du numéraire de la circula-
tion, et celui qui reste est stagnant pour agio-
ter sur les effets que le capitaliste, qui a
traité, doit vendre sur la place.

L'impression que j'éprouvais en composant
mon mémoire sur le crédit public, des ravages
de l'usure et de l'agiotage, me porta à étudier

les lois de tous les siècles et de tous les pays, contre le crime de l'usure, et j'en fis le 4.ᵉ chapitre de mon mémoire. Je crois nécessaire de consigner ce chapitre dans l'exposé de cette Opinion, que j'adresse à mon gouvernement et à tous les souverains du continent, pour que toutes les puissances prennent des mesures contre l'agiotage et l'usure, qui conspirent contre leurs finances et contre l'industrie des peuples.

Les lois sur l'usure, à mettre en vigueur, sont essentielles pour leur intérêt personnel et celui de leurs peuples, dont l'aisance assure leur richesse par l'activité et les succès de leur agriculture, de leur commerce et de leur industrie. Sous le règne de l'agiotage et de l'usure, les peuples ne peuvent obtenir aucun succès sur leurs travaux : ils sont dans la plus affreuse misère, et ne pouvant contribuer aux besoins de leur gouvernement, les puissances sont forcées d'avoir recours aux capitalistes, banquiers, proxenètes, agioteurs et entremetteurs d'usure, qui ruinent leurs finances et les soumettent à toute leur voracité.

Les souverains ne sont réellement puissans et libres, que quand ils peuvent disposer des ressources que nécessite leur administration ; ils en posséderont toujours en y mettant de la sagesse, de la prudence et de la bonne foi. Je les indiquerai dans le cours de cette Opinion, en prouvant que l'agiotage doit leur être nuisible, parce qu'elle éloigne les citoyens de leur disposition à aller loyalement au secours de leur gouvernement sans en exiger des sacrifices et des intérêts usuraires.

CHAPITRE II.

Apperçu des Lois anciennes et modernes sur l'usure.

On ne peut trop s'étendre sur les dangers de l'usure, et sur les maux incalculables qu'elle cause dans un état, particulièrement au commerce. Il est encore essentiel de faire voir comment l'usure a été envisagée chez les nations les plus sages, et avec quelle sévérité les lois l'ont poursuivie. Nous citerons sur-tout celles des Hébreux, des Romains, et les différentes ordonnances rendues contre l'usure pendant la longue durée de la monarchie française.

On appelait autrefois *usure* tout ce que le prêteur recevait d'excédant de la somme prêtée.

Prêter, disait-on, est rendre service ; vous devez donc prêter gratuitement : le motif de profit que doit produire l'argent, n'est pas un titre pour le prêteur ; car la règle des profits à venir, est que, pour y avoir part, il faut s'exposer aux évènemens des pertes qui peuvent arriver ; si ces pertes ont lieu, en effet, vous devez donc les supporter et les partager comme vous auriez partagé le bénéfice.

On ne peut donc sans injustice, comme sans crime, se dégager de la perte et s'assurer du gain convenu.

Les prophètes mettaient l'usure au rang de l'idolâtrie et autres grands crimes ; ce qui prouve qu'ils voyaient dans l'usure une violation des lois naturelles.

Les Romains, dans les premiers siècles de la république, la proscrivaient et la punissaient plus sévèrement que le larcin ; puisque la peine du larcin était double, que celle de l'usure était quadruple : ainsi l'usure était regardée par eux comme un crime très-pernicieux.

Le prix de l'intérêt était fixé chez les Romains et calculé d'après le produit des capitaux employés en fonds de terre ; il varia de 3 à 6 pour 100 par année : on regardait ce dernier comme usure ; cependant, jusqu'à cet intérêt, les lois étaient muettes. Mais l'usure le porta jusqu'à 12 pour 100 par an, ce qui était appelé *intérêt centiaire*, parce que dans le cours de 100 mois l'intérêt représentait le fort capital de la somme.

c'est alors que s'exerçait la rigueur des lois contre l'usure.

Quoiqu'il en soit, les abus dans cette matière se perpétuèrent jusqu'au règne de Justinien, malgré les défenses réitérées de ses prédécesseurs. Cet empereur renouvella les lois contre l'usure, prescrivit la manière dont on pouvait recevoir des intérêts, qui furent fixés à 4 pour 100 avec garantie des terres; à 6 pour 100 entre particuliers, et à 8 pour 100 dans le commerce. Cet empereur, quoiqu'ennemi de l'usure, reconnut que l'avantage du commerce exigeait qu'on retirât un plus fort intérêt de l'argent qu'on lui prêtait : cet intérêt fut réduit à 6 pour 100, et appelé *fœnus seminunciarium*, parce qu'il ne consistait qu'en demi pour 100 par mois.

Il était permis de stipuler un intérêt plus fort dans le commerce maritime, parce que le péril de la mer tombait sur le prêteur.

L'empereur Léon fixa l'intérêt à 4 pour 100 (1).

Les conciles, et les ordonnances de tous nos rois ont reprimé et défendu l'usure.

---

(1) C'est le souverain seul qui a le droit de fixer les intérêts de l'argent; il y a peu de règnes où nos rois ne l'aient exercé, en faisant des lois et des ordonnances sur l'usure.

Par le concile de Latran, l'usurier fut con-
damné indigne des sacremens et de la sépul-
ture ecclésiastique, et il fut défendu de recevoir
ses oblations (2).

Par le second concile de Lyon, outre la con-
firmation des ordonnances du concile de Latran,
il fut défendu, sous peine d'excommunication,
de louer des maisons aux usuriers.

Charlemagne condamna l'usure par deux capi-
tulaires des années 789 et 807.

Louis-le-Débonnaire confirma cette disposition
en 813.

Par ordonnance de St. Louis en 1254, toute
espèce d'usure fut prohibée, et cette ordonnance
fut publiée au concile de Beziers en 1255.

Par ordonnance de Philippe III, enregistrée
au parlement de l'Assomption en 1274, il fut
enjoint à tous les juges d'expulser du royaume,
dans l'espace de deux mois, tous les usuriers
étrangers; et pendant ce tems les débiteurs pouvaient retirer leur gage, sans payer aucune
usure.

L'ordonnance de Philippe IV, dit le Bel, du
mois de juillet 1311, défend l'usure, et déclare

---

(2) Il est de principe que le produit de l'usure est chose
volée; on devient donc recéleur, en acceptant le don de
l'usurier.

que celui qui prendra un intérêt au-delà de celui
fixé par la loi, sera puni par la confiscation de
corps et biens.

Une autre ordonnance du même roi, du
mois de décembre 1312, confirme la confiscation de corps et biens pour les usures excessives,
laissant l'arbitraire à prononcer aux juges sur
les usures moins considérables.

Philippe-de-Valois confirma les mêmes ordonnances en 1349.

Louis XII, par son ordonnance de 1510,
confirma les lois, ordonnances et réglemens de
ses prédécesseurs, sur le crime d'usure; défendit
aux notaires de dresser des actes usuraires, sous
peine de privations et d'amendes arbitraires;
enjoignit aux juges de poursuivre exactement
les usuriers, sous pareille peine, et prononce des
récompenses en faveur des dénonciateurs de
l'usure qui viendrait à être prouvée.

François I.er, par ordonnance de 1535, confirma les dispositions de celles de 1510, et en
ordonna l'exécution.

Des lettres-patentes données par Charles IX,
au mois de décembre 1560, ordonnent aux juges
des poursuites contre les usuriers.

L'article 141 de l'ordonnance d'Orléans défend le prêt à perte de finances, autrement le

2.

contrat *mohatra* (3), à peine de punition cor-
porelle, et de confiscation de biens, sans que
cette première puisse être modérée.

Par édit du mois d'avril 1576, Henri III ordonna l'exécution pure et simple des ordonnances
des rois, ses prédécesseurs, sur l'usure.

L'art. 202 de l'ordonnance de Blois, de 1529,
contient sur cette matière les dispositions sui-
vantes :

« Faisons inhibitions et défenses à toutes per-
» sonnes, de quelque état et condition qu'elles
» soient, d'exercer aucune usure, et prêter leurs
» deniers à profit ou intérêt, ou bailler leurs
» marchandises à perte de finances par eux ou
» par d'autres, encore que ce fût sous prétexte
» de commerce ; à peine, pour la première fois,
» d'amende honorable, bannissement, ou de
» fortes amendes, dont le quart sera adjugé au
» dénonciateur ; et pour la seconde fois, à la
» confiscation de corps et biens ; ce que sem-
» blablement voulons être observé contre les
» proxénètes, médiateurs et entremetteurs de tels

---

(3) Un contrat *mohatra* est une obligation d'une somme
supérieure à l'argent donné ; celui qui achète une créance
au-dessous de sa valeur énonciative, fait une acquisition
illicite, défendue par nos lois. Depuis le règne de l'agiotage, ce n'est plus un crime !

» trafics et contrats illicites ou réprouvés, sinon
» au cas qu'ils vinssent volontairement à révé-
» lation, auquel cas ils seront exempts de la
» peine. »

Par l'art. 362 de la même ordonnance,

« Il est enjoint à tous juges de faire observer
» l'ordonnance sur la revente des marchandises,
» appelée à perte de finances, et non-seulement
» de dénier toute action contre de tels vendeurs,
» supposeurs de prêts, mais aussi de procéder
» rigoureusement contre eux, et contre les cour-
» tiers et racheteurs qui se trouveront être par-
» ticipans de tels trafics, par mulct et confisca-
» tion de leurs biens, amende honorable et autres
» peines corporelles selon les circonstances,
» sans aucune dissimulation ni connivence. »

Henri IV, par l'ordonance de 1606, proscri-
vit pareillement toute usure, et en ordonna la
poursuite par voie extraordinaire.

Un arrêt du parlement de Toulouse, du 18
août 1529, ordonna qu'en matière d'usure on
contraignît celui qui en était accusé, de produire ses registres contre lui-même.

La loi n'admettait pas la déposition d'un témoin singulier sur chaque fait, comme preuve;
mais en fait d'usure elle était admise : la pu-
blique renommée, jointe au témoignage de 10
personnes, déposant divers prêts usuraires, même

de ceux où ils ont été partie, étaient regardés suffisans.

Enfin Louis XIV, par les art. 1 et 2 du titre 6 de l'ordonnance du commerce, défendit aux négocians et autres, de comprendre les intérêts avec le capital, dans les lettres, billets de change, ou autres actes, et de prendre les intérêts des intérêts, sous quelque prétexte que ce soit.

D'après ces lois, ordonnances et conciles, l'usure a toujours été poursuivie par la voie extraordinaire, puisqu'elle était regardée comme un crime contre nature; et les cours ont suivi, dans la disposition des peines contre l'usure, la distinction faite par l'ordonnance de Philippe-le-Bel en 1312, en interprétation de celle de 1311, lorsque l'usure est peu considérable; on ne prononce qu'une admonition ou blâme : mais, quand l'usure est excessive, on condamne le coupable à l'amende honorable, au bannissement, aux galères à temps ; et en cas de récidive, on peut prononcer la peine de confiscation de corps et biens, c'est-à-dire, les galères perpétuelles ou le bannissement à perpétuité.

Les complices des usuriers étaient punis avec plus ou moins de sévérité, suivant la qualité de l'usure et les circonstances du fait.

Les tribunaux déclaraient encore les titres de créances où l'on pouvait prouver des actes d'usure, nuls, comme usuraires, et le débiteur tenu au seul paiement de la somme reçue.

Par arrêt du 15 mars 1672, le parlement de Paris condamna un usurier à faire amende honorable, au bannissement, à une amende de 1200 liv., et déchargea les débiteurs de la moitié des obligations qu'ils avaient passées à son profit.

Par arrêt du 2 juin 1699, le même parlement condamna la femme d'un magistrat à l'amende honorable devant la grand'chambre et au bannissement.

Par arrêt du 13 janvier 1736, le même parlement condamna un orfèvre à l'amende honorable, au bannissement, et ordonna que les nantissemens, lettres et billets trouvés sous les scellés, seraient remis à ceux qui les réclameraient, et qu'il leur serait tenu compte des sommes payées à titre d'intérêt.

Par arrêt du 28 janvier 1752, le même parlement condamna un usurier à l'amende honorable, au bannissement; et deux courtières, qui avaient coopéré à ses placemens usuraires, furent bannies de la prévôté et vicomté de Paris.

Quand l'usure consistait dans la stipulation de l'intérêt de l'argent qu'on avait prêté par promesse, obligation, lettre ou billet de change, que cet intérêt surpassait le taux fixé par la loi, les juges déclaraient la stipulation nulle et usuraire, et ordonnaient que les intérêts fussent stipulés sur le capital.

CHAPITRE III.

Réflexions sur les Lois qui défendent l'usure.

Dans tous les siècles, l'usure a été envisagée être un crime contre nature; ce crime est le même que celui des accapareurs de blé, qui profitent de la disette apparente qu'ils préparent, pour s'enrichir aux dépens de la population la plus malheureuse, qui n'a que du pain pour fournir à son existence.

Les lois contre l'usure sont nécessaires pour la classe active du peuple, dont l'industrie est la fortune, dont le mouvement fait la richesse des états. En Angleterre, le produit du commerce et de l'industrie présente les 11 douzièmes de la recette des finances.

Les exemples cités dans le chapitre ci-dessus doivent convaincre les puissances du droit qu'elles ont de la réprimer ; et la position de leurs finances , de la nécessité de mettre en vigueur toutes les lois pour faire cesser son règne audacieux ; car l'agiotage du jour, qui occupe un si grand nombre de fortunes, est une véritable usure , qui a pris naissance en France pendant son gouvernement révolutionnaire.

Les peuples doivent à leurs souverains serment de fidélité, des contributions , et une entière soumission.

Les souverains doivent protection à leurs sujets ; ils ont entre les mains la puissance physique et morale , par des armées pour la défense des ennemis extérieurs ; et par le droit de faire des lois pour la défense de leurs intérêts. L'usure est l'ennemi intérieur des états, que tous les souverains de l'Europe doivent combattre sous telle forme qu'elle se présente. (*Son signalement est l'agiotage.*)

Les lois sur l'usure sont impératives en ce moment pour la balance financière politique de l'Europe , et même pour la balance politique du commerce.

CHAPITRE IV.

Sur la dette des Puissances du Continent.

DES cabinets ont cru politique de nuire aux finances des puissances limitrophes, afin de leur enlever les moyens de faire la guerre. C'est une erreur! Un peuple ruiné, sans état, prend le métier des armes; le besoin le rend nomade, et delà conquérant. Il est de l'intérêt des puissances que chaque nation trouve sur son sol les ressources nécessaires à son existence; sans cela elle en va chercher au dehors.

Dans leurs invasions, des peuples du nord s'emparèrent d'une province de France et y fondèrent une colonie; cette province depuis cette époque porte le nom de Normandie, qui signifie homme du nord (*Nordmann.*).

Tous les peuples sont intéressés au rétablissement des finances de leur souverain, puisque la dépense de son administration est levée sur eux par des impositions sur leurs domaines, par des impôts sur leur commerce et leur industrie, par des droits d'enregistrement sur leurs actes et transactions ; et quand tout cela ne peut suffire, ils sont soumis à des contributions que les besoins de l'état rendent forcées.

Il est à remarquer que jamais il n'a été publié en Europe autant de plans, projets et opi-
nions sur les finances, par des citoyens hors
des administrations, qu'en ce moment; ce qui
prouve combien les contribuables sentent la
nécessité, que leurs souverains s'occupent essen-
tiellement du rétablissement de leurs finances.

Un citoyen qui avant la guerre était occupé
de sa fortune, s'est naturellement livré à réflé-
chir sur les évènemens qui suspendaient ses
occupations; témoin de tous les malheurs qui
affligeaient sa patrie, il en jugeait la cause et
le principe, et méditait quels pouvaient être
les moyens de les réparer ou les éviter : toutes
ses réflexions, ses méditations et ses observa-
tions lui formaient une opinion sur les ressources
qui étaient à la disposition de son gouvernement pour rétablir ses finances, et naturellement il a été empressé d'en faire hommage à
son roi et à sa patrie.

On doit remarquer que dans les propositions
faites par ces auteurs hors des administrations,
les ressources qu'ils indiquent ne présentent
rien d'onéreux aux propriétaires, aux contribuables de toutes les classes, au commerce et à
l'industrie ; qu'elles n'ajouteront rien à la dette
de l'état ; et que le gouvernement trouvera des
ressources qui, sans être vexatoires, seront plus

certaines que celles offertes par les gens de finance.

Il y a une grande différence entre la combinaison de ces extra-financiers et celle d'un financier. Le premier est témoin de l'effet de l'impôt, et le juge; remarque les parties qui en souffrent, celles qui peuvent en produire; calcule ce que le public est en état de payer pour aller au secours de l'état; il ne fait pas de propositions qu'elles ne soient admissibles, et qui puissent être onéreuses au public. Le financier, au contraire, dans ses plans de finances, calcule ce que la cumulation des impôts qui composent son tableau produira au gouvernement, sans consulter si les parties qui y seront soumises pourront les supporter.

La guerre et les révolutions que l'Europe a éprouvées, ayant ruiné les peuples par 25 années de guerres et de révolutions, les met hors d'état, pour ce moment, d'alimenter les finances de leurs souverains qui ont besoin :

Ou de ressources particulières et personnelles,

Ou de secours extraordinaires,

Ou d'avoir recours à des emprunts.

Ressources personnelles.

Les ressources particulières et personnelles sont la sagesse de leur administration, et éviter les agioteurs et faiseurs de services; des extra-financiers présenteront des ressources plus sages et plus certaines, comme partie payante, que celles qu'offrira un financier, dont les mesures sont bien souvent vexatoires et nuisibles à l'industrie, qui est la partie la plus productive des gouvernemens quand elle est protégée.

Secours extraordinaires.

En ce moment les puissances ne peuvent attendre de secours extraordinaires de leur population, puisqu'elle a été ruinée par les guerres et les révolutions.

Emprunts.

Les emprunts paraissent la ressource que généralement on veut adopter dans tous les états du continent; et ceux qui la proposent donnent pour exemple l'Angleterre, dont la dette donne à sa population un esprit national, dette qui a contribué à donner à l'Angleterre cette existence politique si brillante. Ce qui convient à l'Angleterre serait pernicieux aux puissances du continent : je le prouverai par le chapitre suivant, qui présente l'origine et l'emploi de la dette de l'Angleterre.

CHAPITRE V.

Sur la dette de l'Angleterre.

L'ANGLETERRE est la seule puissance de l'Europe qui a pu contracter une dette énorme sans compromettre son existence politique, qui a pu en faire emploi pour augmenter sa puissance et s'enrichir.

En Angleterre, les emprunts faits par le gouvernement ont toujours ajouté à l'actif de l'Angleterre.

Sur le continent, les emprunts faits par les puissances ont ajouté à leur passif et diminué leur actif.

Quand le gouvernement anglais ouvre un emprunt, le chancelier de l'échiquier (*ministre des finances.*) est assailli de prêteurs et de banquiers pour le remplir; il place les titres de son emprunt, sans perte et à l'intérêt le plus modéré.

Sur le continent, les puissances qui ont recours aux emprunts, sont obligées de chercher des prêteurs, qui exigent des sacrifices et des intérêts usuraires, proportionnés à l'urgence des besoins.

Aucune puissance du continent ne peut pré-
senter de l'emploi de ses emprunts le même
avantage qu'en a tiré l'Angleterre; quoique cette
puissance ait une dette énorme bien constatée,
les titres de sa dette sont recherchés par les
négocians eux-mêmes, au denier 25 : quelle est
la puissance dont les titres de créance se placent
à un pareil taux!

La grande prospérité du commerce anglais a
mis les négocians en état de faire des avances
à leur gouvernement, sans nuire aux capitaux
nécessaires à l'activité de leurs opérations commerciales, et le gouvernement anglais les a toujours employés pour protéger et étendre leur
commerce.

En faisant figurer la dette du gouvernement
sur le bilan de l'Angleterre, on verra que le
seul actif commercial est bien supérieur à la
dette. Les méditations du ministère ont toujours
été dirigées sur la prospérité du commerce anglais, et les emprunts qu'il faisait au commerce,
au lieu de le dépouiller, ne servaient qu'à l'é-
tendre et l'enrichir.

Le ministère anglais répandait l'or à pleines
mains pour obtenir des traités de commerce
avantageux avec les puissances; cette dépense
était peu de chose en parallèle de l'avantage

que le négociant anglais obtenait dans la balance du commerce sur ses opérations commerciales.

Pour favoriser les fabriques anglaises, qui alimentaient le commerce, le ministère accordait une prime de 15 pour 100 sur l'exportation de tous les produits des fabriques, ce qui favorisait encore le commerce et les fabriques dans la balance politique du commerce, de telle manière que le commerce du continent trouvait avantage d'échanger ses matières premières dont l'importation était protégée en Angleterre, contre des produits de fabriques confectionnés en Angleterre.

Telle était la politique du ministère anglais.

Dans tout ce qui est manufacturé, la matière première n'y entre que pour un quart seulement ; les trois autres quarts sont formés par la main-d'œuvre de l'ouvrier et le génie du manufacturier.

En donnant 15 pour 100 de prime sur les exportations, l'Angleterre augmentait son actif de 60 pour 100 sur la valeur de l'exportation d'un actif mobilier, créé par le travail de la population anglaise.

Le bénéfice du commerce anglais, qui mettait entre les mains de ses négocians plus de numéraire que ne pouvaient nécessiter ses opérations

commerciales , offrait au gouvernement de
grandes ressources pour son système de con-
quêtes; la politique de ce gouvernement, sans
occasion d'emploi, l'aurait décidé à contracter
une dette, afin de fixer sur le sol de l'Angleterre ce numéraire que le commerce aurait,
sans cela, placé sur le continent, ce qui y aurait insensiblement introduit des établissemens
à l'instar des fabriques anglaises, qui alimentent
son commerce et est une des sources de la
grande prospérité de l'Angleterre dans la balance politique du commerce.

Depuis la révolution d'Angleterre, en 1688,
le système du gouvernement anglais a été de
s'enrichir par des guerres sur le continent; ce
qui constituait sa force, était son or et sa marine. En temps de guerre, l'Angleterre possé-
dait le commerce exclusif de la mer. Si ses dépenses étaient excessives, le bénéfice de son
commerce, qui alimentait ses finances, surpassait les dépenses de l'état; et à la paix, les domaines de l'Angleterre étaient augmentés par
les belles colonies qu'elle avait conquises sur les
puissances du continent.

Ce sont toutes les guerres soutenues par l'Angleterre qui ont mis sous sa domination plus de
colonies que toutes les puissances du continent
réunies en possèdent.

Si l'Angleterre par sa marine était inexpugnable, avec son or elle se formait une armée imposante, composée de troupes étrangères, qu'elle obtenait par des alliances et des traités avec les puissances du continent, qui toutes étaient empressées de les souscrire par tout l'avantage que leur présentaient les subsides de cette puissance. Ces troupes étaient généreusement payées en raison des services qu'elles rendaient, ce qui les portait à prendre avec chaleur les intérêts de l'Angleterre.

La dette de l'Angleterre est un actif qui augmente la fortune du commerce anglais, qui l'a formée du numéraire superflu de ses besoins, que lui a procuré la prospérité de ses opérations commerciales; cet actif a en ce moment toute sa valeur, puisque les titres de la dette se paient au denier 25, ou 4 pour 100. Si la continuation de la prospérité du commerce anglais portait son gouvernement à augmenter sa dette pour mettre obstacle à tous les placemens de fonds qui pourraient être faits sur le continent, tous les emprunts seraient remplis, et la dette serait, pour ainsi dire, étouffée par trop de subsistances et d'alimens (4).

----

(4) Par son grand crédit, l'Angleterre a autant de puissance sur le numéraire de toute l'Europe, que par

CHAPITRE VI.

Danger pour les Puissances du Continent, d'adopter le systéme des emprunts comme en Angleterre.

On voit par l'exposé ci-dessus, sur l'origine de la dette de l'Angleterre et ses résultats, que cette dette a contribué à son existence politique, une des plus remarquables des puissances de l'Europe et du globe.

Le titre de la dette de l'Angleterre est entre les mains de la population anglaise, qui est si confiante dans les opérations de son gouvernement, qu'elle sera sans cesse empressée à souscrire à toutes les avances qu'il réclamera; et quoique sa dette paraisse énorme, le commerce lui-même recherche les titres de cette dette, qu'il paie au denier 25. Quelle est la nation de l'Europe dont les titres de la dette soient à ce taux? Ce qui contribue à donner une consistance

---

sa marine elle est puissante sur mer. La dette de l'Angleterre est comme la tête de l'hydre; si le gouvernement faisait banqueroute, sa politique lui ferait contracter une nouvelle dette, pour fixer sur le sol anglais le superflu du numéraire inactif que produit son commerce.

à la dette de l'Angleterre, c'est qu'elle se forme de l'excédant des besoins du commerce; au lieu que sur le continent, il faut retirer du commerce les capitaux pour former aux gouvernemens des secours. Sous ce rapport, en s'adressant, à l'instar de l'Angleterre, aux banquiers, pour obtenir des secours, on commet une impolitique, qui ne peut qu'être nuisible aux finances des puissances du continent, qui sont alimentées par les impôts payés par le commerce, proportionnés à son action. Les banquiers du continent ne peuvent donc faire d'avances de numéraire qu'en le retirant de l'industrie agricole, commerçante et manufacturière, dont l'emploi donne naissance à un actif mobilier qui enrichit les états.

En traitant avec des banquiers, on dépouille le commerce et l'industrie, du numéraire qui est indispensable à son existence, et on n'en obtient qu'en se soumettant à de gros sacrifices, à des intérêts usuraires proportionnés à l'urgence des besoins; c'est faire violer aux souverains leur engagement de détruire l'usure dans leurs états, puisque c'est la soutenir et l'autoriser en se soumettant à des intérêts usuraires; et en concédant des titres de créances au-dessous de leur valeur, c'est violer les lois rendues sur les contrats *mohatra*.

Non-seulement les puissances compromettent
l'existence du commerce et de l'industrie de
leurs peuples, qui fournissent par les impôts
à leurs finances et leurs besoins , en s'adressant à des banquiers; mais elles favorisent une
affiliation de tous les banquiers de l'Europe,
qui est prête à se former, laquelle accaparera
tout le numéraire du continent pour l'occuper
à leur agiotage avec les puissances, dont l'existence financière dépendra de cette société, qui
sera combinée sur les spéculations qu'elle cal-
culera sur la richesse de leurs peuples.

Les gouvernemens doivent considérer que
l'emploi du numéraire à ces opérations d'agiotage, sera nuisible à l'industrie de leurs peuples,
qui est si nécessaire à leur existence et à leurs
finances; que l'agiotage occupe plus de numéraire que celui employé à leurs services, car le
banquier qui traite contre les titres d'une puissance, les vend à ses sujets, qui conservent leur
argent pour ce commerce.

Les puissances ne peuvent compter sur l'esprit national de ceux qui dilapident leurs finances ; les gros capitalistes n'ont de patrie que
leur caisse : par l'affiliation qui se prépare, ils
pourront transporter leur fortune , d'un trait
de plume, où bon leur semblera, motif qui les

rendra plus audacieux dans leurs prétentioes. Rendez les banquiers à leurs travaux, puisqu'ils assurent la prospérité du commerce et de l'industrie, dont ils sont le soutien et en font la gloire (5).

CHAPITRE VII.

Ressources à la disposition des gouvernemens.

LES ressources auxquelles les gouvernemens doivent s'attacher, sont celles qui n'ajouteront pas à leur dette, la liquideront; celles qui n'exigeront pas de leurs administrés des supplémens d'impositions et de contributions, qu'ils sont en ce moment hors d'état de payer; celles qui ne nécessiteront pas l'aliénation de leurs domaines; celles qui présenteront à leurs créanciers une valeur réelle, dont l'acquittement assurera la liquidation de la dette, et ne laissera pas à la postérité le limon de leur dette.

Le réglement de leurs rentes perpétuelles ne

---

(5) Après les souverains, quel est le mortel plus puissant que ces premiers banquiers de l'Europe, qui par leur signature garantit à son recommandé, par le crédit, l'état le plus somptueux des états qu'il parcourt !

peut être opéré que par des constitutions viagères, mode qui présente une garantie plus solide,
et que la postérité respectera.

J'ai présenté à mon gouvernement, par mes
écrits et mémoires, ces deux ressources, obser-
vant qu'on pourrait en faire usage le lendemain
de leur adoption, que leur emploi ne pourrait
arrêter la rotation administrative du gouvernement.

Les délégations et les constitutions viagères
que je propose sont d'une exécution facile, dont
on peut faire usage dans tous les gouvernemens
de l'Europe.

Comme la paix générale fait de tous les peuples
du continent une seule et même famille, dont
l'union fera le bonheur des souverains et la
prospérité des peuples, dont l'aisance favori-
sera les communications commerciales; comme
membre de la grande famille européenne, j'ose
espérer que les puissances accepteront avec
indulgence et bonté mes ouvrages sur ces deux
ressources; en prenant la liberté de les leur
adresser, c'est un hommage qui est l'interprète
des vœux que je fais pour leur bonheur et la
prospérité de leurs sujets. Leurs conseils pourront juger de quels secours mes propositions
pourront être pour leurs finances, et si elles

peuvent les garantir de cette affiliation de banquiers qui menace le commerce et les finances des puissances du continent ; elles rempliront le but qui m'enhardit de communiquer mes propositions aux puissances du continent, intéressées au rétablissement des finances de tous les états du continent.

L'équilibre financier de l'Europe est à désirer, pour lui garantir une paix stable : quand tous les peuples sont dans l'aisance, il existe entr'eux plus d'union et d'accord par leurs liaisons de commerce, dont l'activité alimente les finances des puissances en raison de ses succès, qui sont certains par la protection que les souverains accorderont à l'industrie de leurs sujets ; cette prospérité, fruit de leurs soins, les rendra plus circonspects sur la rupture de la paix, qui est si nécessaire à l'humanité.

La guerre ne peut convenir qu'à un peuple exaspéré par le dégré de sa misère, parce qu'elle leur offre une perspective ; il est à désirer qu'aucune nation du continent ne soit dans cette position, pour le repos de l'Europe.

F I N.

www.ingramcontent.com/pod-product-compliance
Lightning Source LLC
Chambersburg PA
CBHW070803210326
41520CB00016B/4811